D1699464

LYRIK *HOLDGER PLATTA*

Holdger Platta, geboren 1944, wuchs, nach der Flucht aus Niederschlesien im Frühjahr 1945, in äußerster Armut im Ruhrgebiet auf. 1951 Einschulung in Speldorf (Mülheim an der Ruhr). 1958 Umzug nach Hannover, 1965 Abitur. Nach dem Studium der Germanistik und Geschichte in Göttingen Beginn der freiberuflichen Tätigkeit als Wissenschaftsautor und -journalist für Buchverlage, Zeitschriften und Rundfunkanstalten. Zeitgleich Beginn der literarischen Tätigkeit – in erster Linie das Verfassen von Gedichten. Veröffentlichungen in Anthologien, im Rundfunk sowie in Literaturzeitschriften (u. a. Akzente). Gedichtbücher: *Das Blaue vom Himmel* (1983), *Grünanlagen* (1985), *Der Garten ein Nachbar hinter dem Zaun* (1993), *Mitlesebuch 37* (2000).

Holdger Platta

Ruhmesblätter mit Linsengericht

Erzählgedichte

Ludwigsburg

Bibliographische Information der Deutschen Nationalbibliothek

Die Deutsche Nationalbibliothek verzeichnet diese Publikation in der Deutschen Nationalbibliographie; detaillierte bibliographische Angaben sind im Internet über http://dnb.d-nb.de abrufbar.

Ludwigsburg: Pop Verlag · 2022
ISBN 978-3-86356-366-0

Reihe LYRIK Bd. 177 (Hrsg. der Reihe: Traian Pop)

1. Auflage 2022

Umschlaggestaltung: Traian Pop (unter Verwendung eines Kupferstichs von Gustave Doré)
Druck und Bindung: Pressel · Remshalden
Pop Verlag · Postfach 0190 · 71601 Ludwigsburg
Internet: www.pop-verlag.com

Ruhmesblätter mit Linsengericht

Nur wer erwachsen wird und ein Kind bleibt, ist ein Mensch.
Erich Kästner

Und nur ein Mensch bewahrt in seinem Gedächtnis
auch die Alpträume auf, nicht nur die Schönheiten der Welt.
Holdger Platta

Kutschfahrten,

letzte Gespräche,

in einem eisigen Land

Vor den Geschichten

Weit weg vor den zwei großen Kriegen

Es war, als ob durch diese Birke im Sonnenlicht
gerade ein aufblitzender Landauer fuhr,
mit wehenden Haaren und leichten Blusen darauf
und mit der Neugier eines Jungen dabei, wo es unter
diesen hellblauen Kleidern der Mädchen wohl hinging.

Die flatternden Hecken, hinter den Zäunen da drüben,
steckten voller Getuschel und Diebstahl.
Und die blaue Chaussee schaukelte vor den Rädern
der Kutsche dahin, als wär' sie die Ostsee,
weit, weit weg vor den zwei großen Kriegen.

Das Glück, ein Davongekommener zu sein

Ein eisiger Wintertag, Mutter gestorben,

der Junge landet bei einem Onkel,

zehn Jahre Leben in einer Tabakswolke.

Güte, die er niemals mehr vergißt, auch

das Mädchen von nebenan nicht, das hellere

Leben, dessen Locken, Schwimmen ist schön.

Und die Neugier, die an einem Herbsttag

aufflammt — Bienengesumm noch immer, Birken,

die immer noch leuchten am Waldrand.

Wieso fliegen, weiter entfernt, die Farben davon?

Die Mappe, der Bleistift von Faber, mit Tusche am Finger

sieht er das Tal gebannt auf dem Papier.

Ernste Gänge, ernste Herren, das Räuspern,

das Murmeln, „Kommen Sie doch

noch einmal rein!" Prüfung bestanden.

Die weiten Säle, wieder Mädchen, noch mehr Neugier, aber auch

das obligate Frieren, der Hunger. Die Stadt besteht aus

bösartigen Türen, Treppen hören wieder und wieder den Rückzug.

Dann der Wettbewerb, der Brief, die Ausstellung, der Erfolg.

Der Hut schwebt ihm über dem Kopf.

Selbst größere Menschen blicken ihn nun von unten her an.

Knistert sein Mantel nach teurerem Einkauf?

Die Villa im Grunewald schließlich: das Glück?

Er spürt noch immer die Leere auf jeder Leinwand.

Das Flimmern der Welt wie aus dem Eff-Eff,

aber die Schlaflosigkeit oder diese Holzkarrenträume:

das Mädchen auf dem Gefährt, zerlumpt, Eiseskälte, schon wieder.

Und die Marschtritte, die Schreie, die Prügelberichte

im Blatt. Glaubt er manchmal schon selber,

er träte mit falschem Blut vor die Staffelei?

Er legt sich Witze zu, während es in ihm zurückträumt.

Endlich entscheidet er sich. Kein Pfeifenduft mehr,

aber eine wichtige Auskunft in einem begüterten Treppenhaus.

Das Wiedersehen, mitten im Winter, in einem versteckten Lokal.

Welche Liebe allein der Anblick dieser Hände erregt.

Berühren, berühren, während sich draußen die Welt uniformiert.

Sie heiraten mitten hinein in die neue Zeit, längst

kommen nicht mehr alle der alten Gefährten.

Von der Tafel stellt man viele Stühle beiseite.

So sieht der Verrat aus: eine Gruppe Biedermeier in der Ecke

des Salons und daß vom Essen viel übrigbleibt. Und dann endlich

die Flucht. Eine Welt ist krepiert, man landet in der eisigen Schweiz.

Und die Güte? Sie kommt jetzt nur auf noch beim Rotwein,

spätabends. Er hat Glück gehabt. Und das Glück ist fortan,

ein Davongekommener zu sein: mit ihr.

Letzte Gespräche vor Kriegsausbruch

Alte Fenster, seit Tagen mit Regen dahinter,
es ist, als trommelte von draußen die Nacht
an das Haus. Alles scheint Holz zu sein und Güte,
selbst das Kissen auf dem Bett.
Und stets gibt es den gedeckten Tisch
mit Schinken, Käse und Rotwein auf kariertem Tuch.

In den Gesprächen sind beide sofort daheim,
als wärmte Kaminfeuer jedes Wort.
Manchmal flattern Gedichte über den Tisch,
manchmal zeigen Philosophen ihr weises Gesicht,
und manchmal gibt's Prosa aus kantiger Zeitung,
doch Vulkane bleiben fern, wo's nach Brotkrumen riecht.

Ein gebügeltes Hemd kühlt des Morgens den Hals,
die Luft im Haus ist braun vom frischen Kaffeeduft,
das Kätzchen ringelt sich vertraut in den Schlaf,
und das Paar Hausschuhe sieht filzig nach Sonntag aus.
Der Gast aber fliegt eine letzte Runde um den Schornstein herum und
schickt letzte Freundlichkeiten in die letzten Freundlichkeiten der Welt.

Ein Foto wie ein Etui

Das eigentümliche Leuchten auf der Fotographie,

ein Mann im Schattenriß vor einem Fenster.

Stille, als gäbe es draußen keine Welt mehr.

Das Abzeichen ist nicht zu sehen, die Zeitung

nicht zu erkennen. Für einen Augenblick

ist es so, als führe draußen eine Straßenbahn vorbei,

mit dem Hechtwagen und den bärtigen Männern darin,

das leise Klingeln wäre einen Moment lang zu hören,

und der Mann hätte sich bewegt, um dem Fotografen

etwas zu sagen von Widerwillen oder um eine Zigarette

dem Etui zu entnehmen, silbern und still

in der Hand wie ein leuchtendes Zimmer

oder wie eine Fotografie.

Exlibris

In jenem Frühjahr nur seltenes Flüstern und

das Klirren der Karabiner. Die Furcht

ist abgrundtief, wenn wir vergessen.

Harte Fäuste auf dem Wirtshaustisch umklammern

den verlorenen Krieg. Das Fallen der Namen.

Heute nur noch in der Sonne zu sehen

ein Hügel im Wald.

Nacht über dem Atlantik

November, ein Messingschild, die Ostküste einer Geschichte:
Ein rundlicher Professor schiebt die Ärmel seines Pullovers zurück.
In den Lüften die eisigen Schreie der Möwenkolonie.

Kriegsplanungen, eiserne Flüge nach Europa hinüber.
Eine Madame, in schwarzer Pelerine, die in Paris die
Champs Élysées herunterkommt. Flugblätter an der Seine: „Résistez!"

Feines Rokoko zweier Handschuhe in der Luft.
Der Pantomime beugt sich hinunter in seinen Beifall.
Dann explodieren SS-Uniformen im ersten Rang.

„Résistez! Résistez!" Papiere wie Schneefall im Theatersaal.
Ein Schatten, der über die Rue des Églises davonjagt.
Kaum hört man den düsteren Angriff vom Himmel.

Rissige Boote schaukeln emsig und lackiert im Morgengrauen.
Vom Schlafzimmer her das ruhige Atmen der Naturwissenschaft.
Cambridge, das Schild an der Tür fast wie aus Gold, Ostküste, November.

Armut,

ostpreußische Tränen,

ein Junge, der fast nichts begreift

Die Geschichten, die zu erzählen sind

Kundschaften

Februargestalten, schräg auf die Straßen geduckt,
in dicken Mänteln, den Mund voller Entrüstungen, Ärmelaufkrempeln
und Bauschutt, schleichen an den Vorjahren vorbei. Sie tragen
ihre Köpfe knapp anderthalb Meter über dem Jungen spazieren,
und oben ist ein Tuscheln und Augenblitzen, das der Junge
nur selten versteht, wenn er an den Händen friert.

Sie schlagen graue Geschäfte vor, ausgekocht eine Unterhose
gegen ein Stück Papier, bevor die Währungsreform kommt,
hier konkurriert die Schlauheit des Hinterhofs mit der Verbissenheit
der Baracke, und der Junge entdeckt die große Beule
auf dem Nacken eines Händlers mit windschiefen Sätzen.
Sie gehen bereits wieder zur Kirche

und lauern darauf, daß der sozialdemokratische Küster hinfällt
beim Entzünden der Kerzen. Und die Streuobstwiesen sind
vollgeschissen von den Hühnern der Nachbarn, glitschige
Nachkriegsversorgung mit Eiern, Kohle und Bettzeug. Und dann,
wenn der Kinderfunk kommt mit dem Blut
unter einem skandinavischen Mikroskop, geht der Junge

auf Verbrecherjagd, fernab aller Verbrechen, in den Wäldern
gleich links von dem rumorenden Ruhrgebiet mit dem Widerschein
der Flammen beim Abstich der Hochöfen am Himmel
und gleich hinter den aufgespaltenen Bunkern der
in den Vorjahren geduckt untergegangenen Welt.

25

Raffelberger Erinnerung

An jenem bitterkalten Tag dichtes Schneetreiben
zwischen den Ulmen, ein Mann kommt
auf die Schloßtreppe zu. In seinem Gesicht die Eisengeräusche
des Weltkriegs, im Tornister rostiges Brot und Güterzugrattern.
Das Kind schläft seinen milchigen Schlaf
und hält einen Daumen für die Erlösung der Welt.

Die Mutter, zwischen gewaschenen Strümpfen
und Angst, zeigt ihrem Mann die geröteten Hände.
Wie weit liegt ihre Glücksstadt zurück und ihr Klavier
voller Wünsche. Der Mann vor dem weißstiebenden
Fenster zieht seinen düsteren Militärmantel aus. Das
Wiedersehen reißt ihre Seelen entzwei.

Der Bruder stottert. Hört man schon das Kanonendonnern der Front?
Großvater hält idiotische Reden, als wenn er ein Lautsprecher wär'.
Allmählich sinkt Nacht hernieder auf den kleinen
ärmlichen Ort. Die schrägen Dächer erzählen vom kältesten Winter
seit Menschengedenken, und nur wenige Lichter
brennen noch in dem erstarrenden Dorf.

Es ist, als stürzte der Nachthimmel herab auf die Erde und die Welt-
geschichte hätte endlich ihr Ende gefunden, dieses niederschlesische
Schloß als Hungertraum in einer Raffelberger Baracke, direkt
nach dem Krieg, in einer Holzhütte, wo nur die Kälte noch
wohnt und ein Mann nur das Zerreißen noch sieht
einer im Winter taumelnden und sinkenden Welt.

Im fernen Land

Am Morgen diese Musik wie ein Stück hellster Luft in der Luft.
Der große Mann im schlotternden Anzug nennt den Titel
des Stücks und blickt durch das Fenster zum Schnee
auf den Hühnerstall hinter der Wiese des Jahres 1950 hinaus.

Die Frau steht am Kochherd und weicht
schmutzige Wäsche ein, mit ihr bewegen sich
alle Sorgen der Welt durch das Zimmer, und der Tenor
beginnt zu singen, als ob er weint. Der Junge hört zu.

‚Nun müßte man von der Erde wegfliegen können
mitten ins Glück', denkt sich das Kind, doch Vater
nimmt den Brief von der Kommode und seufzt.
„Wann ist der Termin?" fragt ihn leise die Mutter.

Der Bruder grinst mit schrägen Blicken zu dem Jungen herüber,
als der Sänger endlich den Namen verrät. „Übermorgen",
sagt Vater, und vor dem Haus fängt der Schnee an
zu fallen. „Ging's doch endlich zu Ende,

auch für die Kinder wär's besser!" Der Radiosprecher
nennt den Namen des Sängers, und der Raum mit den Menschen
darin scheint einen Augenblick lang, grau wie eine Nachrichtenstimme,
ein Schiff zu sein, das langsam im Winter versinkt.

Kein einziges Brillengestell

Ein Hühnervolk, hatte der Junge immer gedacht, ist die artige Oma
gewesen, mit sehr viel Liebe in ihrem Gesicht.
Und immer hatte sie zu ihm gesagt, daß sie ihre Streuobstwiese
so möge und die viele Wäsche unter den Kirschen. „Put put put!"

Auch dieser Apriltag, dachte der Junge, war eine Armee
aus Unterwäsche gewesen, viel Verwandtschaft
hätte da reingepaßt oder auch Westwind. Und früher,
hatte Oma immer gesagt, habe sie wie eine Kastanienallee

ausgesehen, nördlich von Königsberg, und der Junge hatte dann stets
die Kurische Nehrung hinter den Bäumen entdeckt. Eine Brille
habe sie niemals gebraucht, und wenn sich Opa gekratzt habe,
am Knie, sei endlich wieder Kaiserreich gewesen, so

die knurrende Oma an diesem Frühjahrstag. Als Nase
habe der Opa einen Knotenstock zwischen den Augen gehabt,
und sein Mund sei immer gen Osten marschiert,
wie die deutsche Infanterie, artig und liebevoll.

Und abermals sah der Junge die vielen Kolonnen von
Wirsingkohlbissen und Steckrübenwintern in der Mitte ihres Lächelns

verschwinden und sah die Zahnlücke in ihrem Mund. Welch

ein weißblendender Apriltag das war! Blaubeergerüche der Freiheit

hatte die Oma mit in den Westen geschleppt, nur Kindheitsgeschichten

und Opa im Fluchtgepäck, kein einziges Brillengestell. Und Opa

habe in diesen schrecklichen Wochen manchesmal sogar geweint,

sagte die Oma zu ihm, zu beiden Seiten der Nase!

Und draußen war ein zerrissener Mann vorübergeschlurft und hatte

sich lange und artig das liebevoll gepflegte Hühnervolk angesehen.

Die schwarze Versammlung

Ein später Märztag, das Tschilpen der Spatzen
vorm Haus, grimmige Kälte. Großvaters Tod
ist ein verschlossenes Zimmer, und das Fenster
steht lange noch offen.
„Er ist jetzt beim lieben Gott", sagt Mutter
und weint. Der Junge darf nicht mehr reingehen
und muß sich nun Jesus vorstellen wie einen älteren Bruder,
der gut ist, nicht nur der Stärkere. Der Milchmann
bimmelt, die Klüngelsfrau kommt. Der Junge sieht Großvater
auf einer Wolke und laut singend in einem Nachthemd.

Der Junge rennt schluchzend hinaus und schaut
dem schmutzigen Weib zu. Das Knirschen der Handwaage
mit der messingfarbenen Skala. „Ist was bei euch?"
Sie hat die linke Hand auf ihr linkes Knie aufgestützt,
und der Junge weiß, daß es bei ihr einen Pfennig
mehr gibt fürs Kilo. „Na, sag schon!" Die Erzählungen
eines Spazierstocks im Winter. Das Lachen
kommt schnell und geht ihm quer übers Gesicht.
„Nichts ist!" Das Pferd steht da, patschnaß,
mit eisernen Füßen, ohne Neugier, freundlich, aber

auch dumpf. Und der Junge hört das Klirren

des Zaumzeugs. „Nichts ist!" Der Junge rennt weg

und schreit die witschenden Schwalben an,

um das Wetter zu bessern: „Fliegt höher, ihr Arschlöcher,

fliegt höher!" Nirgendwo ein Dach mit dem rotweißen Geklapper

der Störche darauf. Die Bleistiftreihe

auf einem Schreibtisch. Drüben bei Rieckers

spielen einige Mädchen „Himmel und Hölle",

und als sie sich hinhocken zum Pissen, platzt ihm fast

seine Hose. Windstöße im Regen fahren schillernd

über das Gras. Der Löffel im Sirup, der Junge

rennt weiter zum Bahndamm hinunter, sieht

die größeren Jungen, die Briketts von den Wagen schmeißen,

und das Herz klopft ihm vor Angst. Der Junge rennt

weiter und wirft sein Messer in einen Baumstamm.

Das dünne Licht, das blitzschnell aufschießt. „Zack!"

Dann wieder hinauf zum Aschenbruchweg. Er sieht

über die Wiese zum Haus hinunter, hört irgendeinen Streit

bei Biesenkamps oder Rötzel. Die ruhigen Gärten,

Zäune, Felder und Wege. Andreas denkt an ein Schloß,

in dem er geboren sein soll, und weint immer noch.

Wenn er die Augen schließt, ist er unsichtbar.

Später dann die schwarze Versammlung von Regenschirmen

im Flur, die Brille, die auf dem Tisch liegt

und aussieht, als hätte sie Augen, und der Anzug,

der wie eingeschlafen über dem Stuhl hängt. Der Junge

wird der Mutter noch manche Geschichte abnehmen,

die sie ihm vorschlägt, um beruhigt zu sein,

und lebt noch einige Jahre in Augenhöhe der Gräser.

Ostpreußische Tränen

An der Barackenwand hängt ein bräunliches Foto
vom Tannenberg-Denkmal, und die Kaczmareks
besitzen ein Grammophon mit schwarzglänzenden Platten,
die der Junge nicht anfassen darf. „Schellack",
sagt sein Bruder und ist wie immer
sechs Jahre älter. „Pro Minute achtundsiebzig Umdrehungen!"
Alle setzen sich, während die Älteste einen Auftrag
bekommt und die Frau Gläser aus dem Küchenschrank holt.
„Na, dann wollen wir mal!" Hier, weiß der Junge,
ist die Erziehung noch immer ein Rohrstock.

Der Älteste läßt jetzt Marschmusik durch die
Wohnküche toben, Radetzky und Hohenfriedberger,
und der Junge zeichnet mit den anderen Kindern
Ritter und Burgen auf billiges Nachkriegspapier. Das
kann er am besten von allen. Vater und Mutter am Tisch
unterhalten sich mit den Erwachsenen über die Flucht
und loben den Eierlikör und die Kinder.
Während die Augen des ostpreußischen Alten
zu tränen beginnen, rappeln die Steingutteller im Schrank,
als ob sie zerplatzen wollten oder drauflosmarschieren.

Vom großen vaterländischen Blitzen erzählt Kaczmarek,

von den Helmen und der Kneipe bei Insterburg,

und seine Frau sagt: „Er trank immer schon gern!"

Über Raffelberg bricht allmählich der Abend herein.

Die Füße des Alten, sieht der Junge, sind nun zwei Tanzbären,

als sich auf dem Grammophon „Zar und Zimmermann" dreht.

„Na, Lenchen, machst du einen Kaffe?" und

„Utchen, du alte Schlunze!" Sein breites Gesicht und

die Narbe am Mund, Utchen heult los. In den Pausen

rauschen von draußen die Pappeln herein, seit Stunden

schon dieser Regen über der Rennbahn. Der Junge streitet

sich auf dem Küchenboden mit den Jungs der Kaczmareks,

wer Prinz Eisenherz ähnlicher sehe, und findet,

Siegfried sei doch was Besseres, als er den kürzeren zieht.

Dann darf er noch durch ein Fernrohr blicken,

mit dem man um die Ecke Erwachsene beobachten kann,

und beginnt sich zu schämen, als der Bassist

vom „Büblein klein an der Mutterbrust" singt.

„Aber am stärksten ist Tarzan!" ruft der dünnste

Kaczmarek-Sohn, und von hinten paßt Mutter auf,

daß sich der Junge nicht zu laut freut. Außerdem,

finden Vater und Mutter, wird es allmählich auch Zeit.

Angst mit Elternpaar

Gibt es da ein Flüstern in den Stimmen der Menschen?
Seine Angst schleppt der Junge überall mit,
bei Frühjahrssonne über die Felder und bei Schneefall
eingeklemmt zwischen zwei düsteren Häusern.
Es ist einige Neugier darin, ein bißchen Hoffnung sogar
und Furcht, sehr viel Furcht. Blickt ihn die Nachbarin
böse an, hat der Junge wieder mal Recht gehabt. Dies
Knistern im verborgenen Heu später. Besser,
man weiß gegen jede Feindschaft ein gutes Versteck.

Zum Beispiel Geschichten erfinden. Der Junge
erfindet Geschichten. In denen hat er einen Hut auf
und ist Detektiv. Wer ihm zu nahe kommt,
lernt seine Pistole kennen. Oder daß er Jiu Jitsu
gelernt hat. Schnell rüber in den nahen Schlehenwald.
In seinen Geschichten ist der Junge
unsterblich bis in den Heldentod. Dann
weinen alle um ihn, was auch nicht schlecht ist.

Vor allem, wenn Birgit dabei ist. Die hat
einen süßen Mund und lacht ihn auf der Holzbrücke
über den Eisenbahngleisen immer an. Der Ölgeruch

von den Schienen herauf. Birgit kommt in seinen Geschichten
oft vor, fast immer in Gefangenschaft, aus der er sie
in allerletzter Minute befreit, und Werner, am Ende der Straße,
der blöde Werner von Rieckers Hof, drüben mit der mächtigen Kastanie
vorm Tor, liegt dann erschossen zu seinen Füßen. Gut,
daß man eine Pistole in seinen Geschichten besitzt,
wenn man in seinem Leben Angst hat!

Oder der Junge reitet davon. Das Reiten hat er von Winnetou
gelernt und Old Shatterhand. Dessen Faustschlag, auch
so ein Wunschtraum! Er reitet dann mit beiden über die Prärie
und jagt Murdock bis weit in den Duisburger Wald hinein.
Und wenn er ihn gestellt hat, schmeißt der Junge
seinen blauen Ballonreifenroller einfach hin,
mitten zwischen das Springkraut, und geht
mit Old Shatterhands Faust auf diesen Halunken los.
Immer bleibt der Junge in diesen Geschichten der Sieger.

Zur Abendbrotzeit, am Küchentisch, schleichen sie sich
dann von ihm weg, diese Geschichten. Der Junge muß sagen,
daß er seine Schularbeiten gemacht hat
und daß morgen eine Rechenarbeit geschrieben wird.
Der Junge mag keine Zahlen, er mag lieber Religion und
den Blick in die Nacht hinaus durch das Schlafzimmerfenster.

37

Die Drachengeräusche der Güterzüge dann,

der rote Feuerschein von den Hochöfen, der die Bäuche

der Nachtwolken aufglühen läßt. Und von der Küche her

die leisen Gespräche der Eltern. Da hausen die Sorgen

in jedem Satz, weiß der Junge, und er ist eine Sorge

unter den Sorgen der Eltern. Und der Junge ahnt,

deren Angst ist das Elternpaar seiner Angst.

Ruhmesblätter mit Linsengericht

Draußen im Nebel schwimmen den Pappeln
die Füße weg, während in Kaczmareks Baracke
ein Album mit Zigarettenbildern auf einem Schoß liegt.

„Sieh mal, der Alte Fritz im Siebenjährigen Krieg!"
Die Muckefuck-Frau trägt ihre Sorgen herein, Kleider an
wie ein Stahlhelm. „Sauwetter heute!" Die Welt, ach ja,

wie immer ein Knirschen zwischen zwei falschen Zahnreihen.
„Aber Mut hat er gehabt!" Der Junge fürchtet sich schon
vor der Linsensuppe, und der Nebel schwappt höher und höher.

„Kerl, Er hat ja gar kein Pulver auf der Pfanne!"
Überall auf der Rennbahn ist nun graugrüner April, Mutter und Vater
in Düsseldorf, der Bruder ein Stabilbaukasten im Gymnasium.

Woher immer die Angst? „Ruhmesblätter Deutscher Geschichte",
der Junge friert fast vor Hunger. Und jetzt noch dieser Hauptmann
in der Kalahari-Wüste im März 1908, ein Himmel so blau

wie sein Ballonreifenroller „Puck". Endlich reitet der Junge
auf seinem Pferd, das preußische Uniform trägt, mit seiner Furcht
zum dampfenden Mittagstisch. „Ich sitz am Tisch und esse Klops ..."

Der Nebel hat nun den ganzen Garten erobert,

und die Kaczmareks essen ihr Linsengericht

im ostpreußischen Tonfall wie je.

Hänsel und Gretel

Vor Einbruch der Nacht das Weinen
der Kinder, Vaters Hexenschuß befindet
sich jetzt genau in der Mitte
des Zimmers. Ruhe, das Wissen von früher.

Der Junge legt sein Ohr an die Wand
und hört die Stimmen dahinter.
Polackenbrut, Ausländerpack.
Mutter schlitzt Schoten auf
und holt grüne Kugeln hervor.

Wörter, noch heute zu hören in ihrem Kopf.
Und morgens dann wieder Gelächter.

Schwarzes Erziehen

Die Kindheit eine Haferbreisuppe
auf dem Tisch, eisige Kälte vorm Haus,
Mutter steht am Küchenherd, streng
wie die Welt, die hinter ihr liegt.

Der Junge sitzt da und ißt, die Angst
ein leises Zittern in seinem Körper.
Das Zimmer schweigt, als ob eine Peitsche
hinter dem kalten Vorhangstoff steckt.

„Vater kommt bald wieder heim!" Der Rücken
der Mutter. „Auch dein Bruder, Du wirst schon sehen!"
Nähert sich auf dem Korridor
schon dessen Düsternis, um in die Küche zu treten?

Der Februar umkreist das Haus, wie ein Kind,
das seine Mutter sucht, mit Vorsicht und Handschuhen.
Der Junge steht auf, tritt ans Fenster und sieht,
wie draußen der Winter stillsteht.

Der finstere Birnbaum, dünner Schnee
auf dem Hühnerstalldach, erstarrte Zäune,
die ein fremdes Grundstück versperren,
und ein Junge, der vor Vergangenheit friert.

Auf den beiden Seiten der Fenster

Wenn draußen im Garten die Dämmerung zu singen beginnt,
in diesem sich verdunkelnden Garten mit dem Wispern vorm Haus,
leuchtet bei ihm eine Lampe auf vor dem Fenster,
die von den Birnbäumen her wie Glück aussehen muß.

Es war schon immer so, daß im Glück der Gedichte
vor allem die Sehnsucht aufleuchtete nach dem Glück.
Es war schon immer so, daß wir geschrieben haben,
um dereinst nicht mehr schreiben zu müssen.

An der Tannenstraße eine bessere Welt

Als ob es ein grünendes Paradies wäre: die herrlichen Villen
unter den alten Bäumen im Wald, ein strahlender
Sonnenglanz, Ruhe allüberall hinter den vornehmen Gittern.

Menschen nie dort gesehen, nur manchmal Lachen gehört
von irgendwelchen Terrassen her, das Gelächter
von Schlotbaronen, wie die Jungen es nannten.

Große Autos vor den sonnigen Villen sahen sie oft,
kaum einer dort, der im Glanz keinen dicken Mercedes fuhr,
Feindesgebiet war es nicht, aber Region einer anderen Welt.

Große Hunde in mächtigen Zwingern gab es fast überall,
kaum auszumachen, ob ihr Bellen Haß verriet oder
Sehnsucht nach den vorüberradelnden Menschen.

Auf irgendeinem Grundstück war der Junge einmal gewesen,
hohes Rhododendrongebüsch überall, Bienengesumm,
er durfte Johannisbeeren dort pflücken, keine Ahnung, wieso.

Ein Waldgebiet, das sich Fuchsgrube nannte, auch so etwas.
Auf alten Fahrrädern fuhren die Jungen an diesen
Glücksgrundstücken vorbei, der eine auf seinem Ballonreifenroller.

Das alles schnell eher denn voll innerer Ruhe,
in der Hitze auf dem Weg zu einem Waldsee. Glückseligkeit,
die kaum einer spürte, der aus den ärmlichen Mietshäusern kam.

Gab es Kinder dort? — Die Jungen kannten sie mit deren
guten Kleidern jedenfalls nicht. Klassenunterschiede erlebten sie hier,
mit Tannenduft, bevor es bei den Jungen das Wort dafür gab.

Später erfuhren sie von einer Mordtat in einer der Villen, sogar
der Chef eines Vaters von ihnen hatte die eigene Frau umgebracht.
Da lebte der Junge längst schon in einer anderen Stadt.

Heute gibt es das alles noch immer, doch die Villen
sehen längst nicht mehr so groß aus wie früher.
Nur die Sonne ist immer noch da, als gehörte sie zum Reichtum hinzu.

Und auch die Sehnsucht spüren sie immer noch
wie einen Irrtum voller Intensität. Dann beugen sie sich
über ihre Kindheit wie über den Garten Eden herab,

der niemals der ihre gewesen war in ihren brennenden Herzen.

Das Fingerschnipsen der Fünfziger

Nach dem Regen, noch kühl, blüht die Wiese bis weit in den Himmel,

und die Gänseblümchen schnattern den ganzen Morgen entlang.

„Inge, willst du mitkommen?" Die Wasserschlachten von Butterblumen

und Bachstelzen am Teich, wie kleine geschäftige Elstern. Krabbeln

schon Glückskäfer durchs Gras? „Was hast du denn vor?"

In den Gärten der Nachbarn geht Goldregen nieder, und die Sonne

fängt sich bereits im gläsernen Nebel über der Wiese. „Vielleicht

zu Reschkes Büschken hinauf? Die Weidenkätzchen

sollen schon blühn!" Goldblitzen überall, und hie und da

schon das bunte Gewippe der Schmetterlinge über den Gräsern.

Hier ist die Welt noch eine schöne Reihe von Wiesen. Margeriten

verfolgen sie stumm, mit leisem Erröten, auf ihrem Schleichweg hinter

dem Maschendrahtzaun, und ein Zitronenfalter fliegt auf die Auswan-

derer zu, mit der Entschiedenheit eines Rettungshubschraubers.

„Achtung, Zusammenstoß!" Die Kinder lachen, brrrbrrrbrrr, und die

Haare auf ihren Armen leuchten blond auf, als wäre schon Sommer.

Hat der Junge nun Glasscherben auf seiner Zunge oder ein Blumenbeet?

Inge blickt zu dem Jungen herüber: „Was guckst du denn so?" Und dann:

„Willst du Lakritz?" Sie gibt ihm mit verdächtigen Fingern eine
schwarzgeringelte Schnecke. Der leichte Himmel über dem Wäldchen,
und der Junge spürt die scharfen und süßlichen Bisse auf seiner Zunge.
„Hm, schmeckt das gut!" Seine Blicke jagen zwei-, dreimal zurück

zu dem Haus hinter den Gärten. Zwölf schwarzäugige Fenster,
einige offen, starren sie an, Gardinen zur Linken und Rechten,
wie Tortendeckchen im Wind. „Und was machen wir jetzt?"
Der Mund, der so schön ist, ihr rosafarbenes Kleid und

der Himmel darüber ganz wie ein Luftschiff. „Erst mal die Kätzchen!"
Und dann erzählt ihr der Junge eine Geschichte unter dem Knacken
der Zweige in ihrem Versteck, mit dem Gezwitscher der Vögel dazu,
und die Gräser knistern im Wind. „Huch, war das spannend! Mehr! Mehr!"

Sonntags geht der Junge als Mutters Bleyle-Anzug spazieren,
der kratzt zwischen den Beinen, und plötzlich hängt
in allen Türen die Neugier der Nachbarn. „Wissen Sie schon?"
Getuschel und Abscheu. „Junge, geh schon mal weiter!"

Etwas Ungeheures verbiegt alle Gesichter: Inge, die Baubude
auf einem Hof und der alte Mann, der darin saß und sich vom
Mädchen irgendwas ... „Junge, geh weiter! Nachher!"
Verbote und Tränen, und der Junge muß sich schämen

und darf nichts verstehen, und Inge ist für lange Zeit fort,

und als sie wiederkommt, darf keiner sie ansprechen, ihr Gesicht ist

ganz anders geworden, und sie ziehen auch bald Hals über Kopf weg.

„Das war auch sicher das Beste!"

Der Junge aber rennt in den Wald, versteht nichts

und klärt mit Emil und Hotte lauter Mordfälle auf

nach dem Vorbild der Schmöker aus

der Stadtbücherei. Ach, all diese Rätsel! Im Kino

beginnt das Fingerschnipsen der Fünfziger, und manchmal

schleppen die Kinder die Kindheit bereits wie etwas Fremdes herum.

Der alte Mann aber hat eine Frau, die in der Küche bei Mutter

oft weint, bevor Andreas hinausgeschickt wird.

„Geh doch mal spielen!" Das Wispern hinter der Tür und

irgendein Mordfall auf seinen Knien, ach ist das spannend.

Als ein Knabe aus einem düsteren Haus floh

Es war eine jener Nächte im Winter,
da der Schnee mit der Stadt zu spielen begann.

Die Flocken segelten in ihrer Weißheit
vor den Fenstern herab, still erleuchtet
vom Glanz der Lampen im Haus.

Tanz und Lautlosigkeit leuchteten in der Nacht auf,
ein Stillerwerden war zu hören auf allen Gassen der Stadt,
und die Menschen in ihren warm erfüllten Zimmern
wünschten sich Glück mit den Rotweingläsern auf dem Tisch.

Die Kinder schliefen schon lange in ihren Betten und Träumen,
da kamen Siege vor und Gefahren und buntes Ballspiel.
Die Erwachsenen sahen in das Treiben des Schneefalls hinaus
und ahnten einen Himmel über den Wolken voll Sternenglanz.
Aus den Radios begleitete Klavierspiel die Winternacht.

Der Großvater aber las eine Geschichte inmitten der Wärme,
inmitten des Lichts unter der Lampe am flackernden Kamin,
von einem Knaben, der in der Nacht aus einem Haus floh,
weil es Väter gibt, die nur aus Prügel bestehen.

Er las sich in seine eigene Kindheit zurück, während
der Schneefall weiter das Leisesein in die Welt trug.
Und die Frau und der Mann prosteten sich Trost zu.

Es war eine jener Nächte im Winter,
da der Schnee mit der Stadt zu sprechen begann.

Der Diebstahl als Kirsche

Das leise Kollern des Truthahns hinter dem Zaun
und die sandige Stille des Hofs. Die Frau
geht wieder ins Haus, wie überschüttet
vom Grün aller Bäume. *Wird et-was ge-stoh-len
an irgendeinem Ort.* Der Junge und Emil schleichen sich näher,
während der Sommer über sie hinzieht mit großen
aufgeschlagenen Wolken, als stünde die Zeit still, so feierlich
schön. *Dann muß man ihn ho-len unbedingt sofort.*

Bei Zuweis stehlen die Elstern wieder silberne Löffel zusammen,
und die Gerüche drängen sich aneinander wie irrsinnig süß.
Zimtsterne, Zimtsterne, und wasserhelle Geräusche in allen Blättern
und Ästen. *Kal-le Blomquist, der Meisterdetektiv, Kal-le Blomquist,
der Meisterdetektiv.* Hier leuchtet der Diebstahl als Kirsche
über den Zaun, pflaumenblau alle Schatten, und die Blätter
plätschern im Wind, dies Tuscheln und Wispern, als stünden
mehrerlei Pfarrherren beisammen.

Auf dem heißen Teerpappendach drüben hat Emil
dem Jungen Witze erzählt mit dem Mund seines Großvaters,
und nun machen sie Jagd auf kleine grünstachlige Igel und
dies rote Gezappel im Astwerk. Der Hund drüben an seiner Hütte

döst vor sich hin, ohne Gebell zwischen den Zähnen,

und nur die vier, fünf Fenster blitzen wie Brillengläser

im Sonnenlicht auf mit dem Klatschmohn darunter

wie eine rotlackierte Schildwacht. Der Löffel im Mustopf.

Wieder das Zischeln in allen Büschen, als eine Windfahne

in ihnen aufzüngelt, und der Türfang drüben

stöhnt leise wie eine gebändigte Katze. Dann das Klirren der Kette,

Geschrei, zwei Hände beim Abtrocknen in einer Schürze, hastige

Schritte, dies Bellen, das kilometerweit wie am Strick hinter ihnen

herjagt und herjagt. An diesem Tag gibt's keine rote Grütze

zum Nachtisch, und Emil lügt wie ein Weltmeister,

fast noch mit der Kirschgabel über dem Ohr. Dies Zappeln!

Mutter steht neben dem Herd, malt wie immer Teufel an Türen

und Wände und schält von den Kartoffeln lange Armbänder ab.

„Du bringst mich noch mal ins Grab!" Da muß der Junge sich schämen,

alle Stockwerke weit, und wird vor ihren Augen zu Sünde und Glas.

„Ich trau mich ja gar nicht mehr vor die Tür!" *Alle Diebe zittern*

bei Tag und in der Nacht. Da wachsen dem Jungen im Küchenspiegel

die Hörner, und die Häuser und Gärten ringsum sind nun

voller Befehle für ihn. „Wie soll das nochmal enden mit dir?"

Sehn sich hinter Gittern, und wer hat das vollbracht? Fortan ist er
mit der Herstellung und Aufklärung von Geheimnissen beschäftigt,
weiß er nun doch, daß Mutter nur ein Kind liebt, das auch innen
ganz artig ist. Und Vater ist ein Rasender, der in die Schwäche gerät,
hinter Handtüchern kommt die neunschwänzige Peitsche hervor, und
aus den Briefen weinen Verwandte mit gezückten Taschentüchern
ihn an. Die geraden Stiche eines Spazierstocks im Winter. Der Junge
blickt wieder auf, hört das Klopfen der Fliegen und Bienen am Fenster,

sieht den trockenen Birnbaum dahinter und irgend etwas Buntes dazu,
Kinder wohl oder Wäsche, und der Junge übertreibt noch mehr
das Gutsein, lauert an jeder Wegbiegung dem Bösen auf und
kontrolliert im Wald abgestellte Autos auf irgendwelche Mordtaten hin.
Nach diesem Diebstahl lebt der Junge in einer Welt voller Fenster
und Kirschen und Fingerabdrücke. „Blut! Daran ist nicht zu zweifeln!"
Er starrt durch das Vergrößerungsglas auf den roten Fleck.
Kal-le Blomquist, Kal-le Blomquist.

Urplötzlich bei Illinois

Die Stadt war schon fast im Winter verschwunden. Ein Vergnügen
schien mit allem Schnee in den Ort eingezogen zu sein,
ein Zähneknirschen auf jedem Gehweg,
Kindlichkeit auch, Schlittenfahrt.

Der Junge stapfte die Straße entlang, den Büchern entgegen.
Links, drei Stufen hinunter, lag das Antiquariat mit dem Brummeln
des Alten darin. Immer wieder entdeckte der Junge
in diesen wispernden Gerüchen der Bücher eine neue Gegenwart.

Der Alte krächzte mit seinem gutmütigen Gesicht: „Ich habe
was Neues für Dich, komm' mal her!". Es war heiß in dem Laden,
fast so, als würde alles im nächsten Augenblick
in Flammen aufgehen oder freundlich ein Ofen sein.

Der Junge entdeckte sofort die Hauptperson in dem alten Roman:
Der Mississippi selber war es, mit seinen Sommerewigkeiten
über dem Wasser und mit dem Fischfang
auf Jackson's Island, gleich neben Illinois.

Viel kostete sie nicht, diese Ausgabe mit Knistern und
vergilbtem Papier. Den Mississippi unter dem Arm

verließ der Junge den Laden, grüßte noch einmal den Alten
und trat wieder auf die Straße hinaus.

Es hatte nicht nur zu schneien aufgehört, sondern
die Sonne schien, es herrschte Sommerhitze
mit Maisfeldern vor der Tür, und, umgeben von Bienengesumm, grinste
Huck Finn ihn an, den getreuen Jim neben sich.

„Du kannst nichts wissen von mir", sagte der grinsende Junge,
„aber komm runter zum Fluß! Das Kanu wartet schon auf dich,
und diese Adelsganoven kriegen wir, nach den Grangerfords
und den Shepherdons, später noch!"

Und unser Junge war urplötzlich weit weg in jener anderen Welt.
Er hatte einen Freund, einen neuen, ein Kanu und Abenteuer vor sich,
und die Stadt mit dem Schneefall allüberall
gab es nur noch in der Wirklichkeit.

Die fünfziger Jahre

Sie lernten in grauen Klassenzimmern
ihre Lektionen, während draußen
der Winter vorbeizog oder einfach das Leben.

Sie lernten das Verstecken des Begehrens
in ledernen Hosen und hinter braven Gesichtern,
während draußen der Frühling aufflog.

Sie lernten an einem Tag im September
endlich das Vergessen und daß von nun an
Vergangenheit das rechte Wort für Hoffnung sei.

Sie lernten, daß im Grauen und im Begehren und
im Vergessen nur klirrend das Verlernen zu lernen sei:

das Verlernen des Sommers, das Verlernen des Himmels,
das Verlernen des Kindes, das sich aufmacht.

Ein Tag vor Heiligabend

Weihnachtslieder über dem alten Platz,
rotglänzend und etwas falsch gespielt,
der Mann sitzt versunken auf dem Sims der Kirche
und kaut hungrig auf seinen Zähnen herum.

Viele Mäntel eilen dickbeleibt vorbei, manchmal
mit Kindergeplärr an den Handschuhen links oder rechts,
Mütter stolzieren mit rotem Gesicht über totgeschossenen
Füchsen von Geschäft zu Geschäft und beladen

ihre Männer mit wachsendem Unfug in Geschenkpapier.
In der Kirche beginnt ein Chor zu singen, F-Dur,
ein altes italienisches Arbeiterlied, das man neu eingekleidet hat,
und auf die Fahrradständer fällt erster Schnee.

Das Licht, das aus manchen Fenstern kommt, ist still,
es scheint Augen zu haben für die Weite hinter der Stadt,
und in den düsteren Wäldern fast schon am Horizont
fallen Schüsse für den Braten am ersten Weihnachtstag.

Poesieblatt aus der Pubertät

Sie hatten sich kennengelernt im Juli, als das Gewitter aufkam, an

einem See gleich neben dem Schilf, hinten das Sausen der Autobahn.

Sie schimpften sich heller durch ihr bedrückendes Städtchen, und im

weiteren Sommer radelten sie als vergnügte Idioten über das Land.

Staunen über Kastanien und neuartige Sätze, ein Köter, der sie aus der

Hitze eines Gutshofes anblaffte. Dann das Liegen beieinander im Gras,

das erste furchtsam-begierige Suchen, zum erstenmal

unter seiner Hand ihre Haut. Wie könnte das Schöne böse sein?

Die Stadt paradierte nur noch als Versammlung grauer Anzüge vorbei,

als eine Reihe argwöhnischer Greise mit verkrampften Gesichtern: „Wo

seid ihr gewesen?" Sie waren im Glück, was sollten sie Lerchen hinzu-

erfinden, er entdeckte alles an ihr, und ihre Hand entdeckte alles

an ihm, es war schön, das erste Mal, es war Glück, weil jeder

des anderen Glück sah. Hatte er je ein so schönes Gesicht gesehen?

Eine Fröhlichkeit nun ganz tief in den beiden.

Nur draußen noch immer diese staubige Welt voller Küchen und voll

mit versteinerten Vätern. So teilten sie gemeinsam, mit den Birken hell

über den Köpfen, das Fremdsein in dieser Welt, das Glück veränderte

alles, als wäre alles nur noch eine einzige Zukunft. Und sie radelten und

radelten, die Gedanken flogen mit ihnen, als gäbe es kein Ende des Wegs,

alles ganz blau, und sie verwechselten Zukunft tatsächlich mit Seligkeit.

Fuchsaugen im Zimmer

Sie kam herein, mit hoher Nase
und ganz düsterem Beerdigungskleid.
Um ihren Hals hing ein toter Fuchs
mit Augen, die einen anblickten, als lebte er noch.

„Du hast deine Kinder ganz falsch erzogen",
sagte sie, als sie die Angst in den Gesichtern der anderen sah.
„Man merkt, daß euch seit zwei Jahrzehnten
der alte Gutshof fehlt!" Mutter schwieg.

Es kann eine Wohnküche sehr klein sein, wenn
ganz Ostpreußen als Verwandtschaft hereinkommt.
Noch kleiner, wenn es die Dummheit tut.

Am kleinsten aber, wenn es die Eiseskälte ist,
mit sehr viel Geld in der Tasche,
und ein Tier bewacht alle Ausgänge.

Blumentöpfe vor dem Abitur

Der Lehrer kam herein: „Geben Sie ihm jeden Morgen
Lineale zu essen, das wird ihn schnell wieder
auf die Beine bringen." Der Junge heulte
nicht mehr. Er stellte in seinem Schädel
Blumentöpfe auf und schoß nach ihnen. Einer
sah wie sein Lehrer aus. Als er den ersten Preis bekam,
sagte er nur: „Kehrt diesen Pauker zusammen!"
Er verließ die Bühne, und keiner würde
seine Hosen je vergessen, diese Extraausfertigung
aus geblümtem Vorhangstoff, und seinen Kopf,
ein Knabenregal voller Cowboygeschichten mit Abitur.
Mutter gab ihm dann tatsächlich die widerliche
Medizin vor seiner Klassenarbeit. ‚Manche
Menschen sind nicht zu erschießen', dachte der Junge,
‚sie überleben jede Fantasie.'

Windstille im Februar

Bei dieser bitteren Kälte steigen die Rauchfahnen
aufrecht in die sonnige Luft, Ordnung
im Leben muß sein, haben schon die Väter
immer gesagt (stumme Mütter dabei).

Ein Flugzeug zieht über die Schneeländer hinweg,
Kinder stürzen bunt auf die Schulhöfe der Stadt.
Im Klassenzimmer schreibt ein fröhlicher Lehrer Zeichen
auf diesen froschgrünen Abgrund mit dem Kreideschimmer darauf.

„$a^2 + 2ab + b^2$". Die Kinder hängen ihre Mäntel wie Mastgänse
an den Kleiderhaken auf und lernen erneut die Befreiung
von allen Problemen auf dieser Welt, immer diese Unruhe im Kopf
und mitten in diesem leuchtenden Winter.

Stimmen von früher im Zimmer

Jeden Abend die schwarzen Nachrichten
aus dem Radio hoch oben unter der Decke. Giftig
und düster stand dieser Apparat da aus der blutrünstigen Zeit.

Doch es flogen keine Bomber mehr
draußen am finsteren Himmel über die Dächerwelt weg.
Die Toten waren zu Namenskolonnen geworden.

Vater saß am Tisch und schrieb seine Briefe,
raschelnde Bitten hinaus in die verdunkelte Welt.
Mutter war ein Klirren am Ausguß voller Spülmittelgeruch.

Der Bruder baute an Metallgestellen herum
aus kaltem Grün und eiskaltem Rot. Und der Knabe
entfloh mal wieder in seine Geschichten an die britische Küste.

Das Land lag da in der beginnenden Nacht,
wie begraben in seinem erzwungenen Frieden, ganz so,
als hätte es niemals die Panzer gesehen oder den Tod.

Und es war, als hätte das Land niemals gebrüllt mit Uniformen
und Haß. Düster schwieg es stattdessen sich aus, novemberlang
im verschlafenen Land, über seine begrabene Wut.

Von nichts gewußt

Man trieb sie
an den Leichenbergen vorbei,
in Buchenwald,
und sie schrien,
sie hätten von nichts gewußt.

Im Frühling
durften sie nicht mehr
auf den Parkbänken sitzen,
gelbe Flecken
auf ihren Kleidern.

Schritte im Treppenhaus
während vieler Herztöne der Angst
und dann wieder eine Wohnung,
die leer stand.

Ein Arzt montiert sein Praxisschild ab,
zwei, drei leere Stühle
im Klassenraum
von Samstag auf Montag,
und einer hat plötzlich

Tränen im Gesicht,

lautlos und schon mit dem Gesicht

drüben zur Wand.

Ein Freund zieht sich zurück,

seine Frau sieht blaß aus,

als man sie zufällig trifft,

doch zum Glück sieht sie weg.

Die Wege werden weiter

zum Kolonialwarenhändler,

zum Bäcker,

vorbei an den alten,

dunkler werdenden Geschäften,

und die Abwehr von Gerüchten

strengt mehr und mehr an

in diesen Kneipen

voller gedämpfter Gespräche.

Auch die Hausdurchsuchungen

bekommt man jetzt mit,

weißlich vergittert

von den Gardinen,

den scheppernden Klang

anspringender Lastwagenmotoren,

die Menschen in dicken Mänteln

auf den Ladeflächen,

und das mitten im Sommer.

Sie hatten von nichts gewußt,

schrien sie. Ach,

was nicht alles nichts ist.

Im Schatten von Auschwitz

verschwinden die Gründe.

Fallende Blätter,

ein Praxisschild,

kein Stein

Nach den Geschichten

Nach dem Erntetag

Sie fahren von den Feldern
zurück, trinken bereits.

Unruhig zuckt
der Abendhimmel über dem Dorf.

Spätnachts ist dann jeder Knecht
dem anderen Knecht eine Faust.

Wenn man das Keuchen hört
aus dem düsteren Schuppen.

Heute eine Arztpraxis und eine Anwaltskanzlei

Das Haus hinter der düsteren Mauer und den Büschen
ist so alt, als wollte es eine Geschichte erzählen.
Von einem Mann, der bleich in einer Küche auf und ab geht,
vom Donnern der Kanonen beim Hafen hinter dem Horizont,
vom Fenster, hinter dem sich die Nacht des Winters 1943 verbirgt.

Dann das schwarze Auto, das vor dem Haus hält,
ohne Beleuchtung, die Männer, die aussteigen in langen
ledernen Mänteln. Schritte, am Haus vorbei, zum Hintereingang.
Die Teppichstange, kaum zu erkennen, der Himmel mit
den Scheinwerfern unter den Wolken, irgendein Rascheln im Gebüsch.

Plötzlich Säuglingsgeschrei vom ersten Stock her und das Scheppern
eines Kübelwagens von der Straße oben zwischen Mülheim und Duisburg.
Die Männer hören Stimmen im Haus, Schritte, einen weiteren Schrei.
Drei gezogene Pistolen hinter dem Haus, und im Wohnzimmer
der alten Villa zwei zerbissene Kapseln.

Einen Tag später montiert man das Namensschild
vom Pfeiler vor dem Hausgrundstück ab. Bernstein. Heute
ist dort eine Arztpraxis untergebracht, außerdem eine Anwaltskanzlei.

Kehrwoche

Grauer Nebel über dem Dorfplatz, als hinge
noch immer der Pole an diesem Baum.
Der Welt den Rücken zugekehrt,
blickt hier frühmorgens
noch jedes Haus dem anderen ins Fenster.

Stürzt ein Herbstblatt herab, folgen ihm
mindestens sechzehn Paar Augen,
mit dem Blick des Busfahrers darin,

ob es auch anständig hinfällt.

Das Jucken

Der Garten an diesem Tag abgesoffen
im Nebel, ihm steht die Zeitung bis hinauf
an den Hals, Krautjunkergewäsch, und auf der Herdplatte
summt noch leise der Tee.

Mit ordentlicher Bewegung räumt seine Geliebte
die Bücher beiseite, dies Liedleingelächter,
und aus den Fotografien an der Wand blicken ihn
die Vorfahren wie Kuckucke oder Planwagen an,
schwarz mit Hut und Predigtgesichtern,
und pfeifen sich eins.

Krieg, haben sie immer gesagt, auch
in gestochener Schrift, ist von oben gekommen,
wie das Fingerschnipsen, rosiges Freizeitvergnügen
eines Amokpropheten, oder der Haß,
wenn es Herbst wird und jeder Fettsack am Tisch,
ganz neblig im Kopf, einen Untergang will,

egal welchen, Hauptsache, er juckt.

Berlin, bei den Großeltern zu Besuch

Die anderen wurden von hier aus verfrachtet
in die Ewigkeit, aber

die zwölf Jahre waren heute in diesem Zimmer nur
eine Oma, die leckeren Kuchen zu backen versteht,

Streuselkuchen mit sehr viel Verschweigen darin.
Und sie aßen ihn gern ohne ein Wort über die Güterwaggons.

Wie kann der fröhliche Sommer vorm Haus
nur so strahlend unschuldig tun,

dachten sie in sich hinein und
zogen nicht mal die Gardinen nach links.

„Das Leben geht weiter", sagte Opa
und meinte natürlich: für uns!

Kein Stein

Dies tobende Jahr 1933 in letzter Sekunde
hinübergehastet auf einen Bahnsteig, von dem noch
ein Zug in die Sowjetunion fuhr, *und daß du nicht vergißt,*
den Genossen Schaarwaldt zu sprechen! 1937 dann die Flucht
vor der Entdeckungswut der eigenen Freunde in das ferne
Amerika, der Glaube war da schon differenzierter geworden und
heftiger, und seither immer wieder diese halbe Lungenentzündung.

Abgefangen auf ihrer Flucht in einem südfranzösischen
Hafen von der unermüdlichen Treue der Ämter,
die in diesem wunderbaren Mittelmeerlicht nach Pässen,
Affidavits und Visa verlangten. Sie nahm ein Zimmer in
der Rue Éliminaire, spielte mit dem Gedanken an ein Autodafe,
endlich aber doch Mexiko, fast wieder gesund,
eine Zeit wirklicher Freiheit, und schließlich die USA.

Aufatmen auch dort, Freundlichkeit der Leute und das andere Essen,
und dann, im frühen Fernsehen und in den kontinentweiten
Radioprogrammen, wieder die heisere Stimme eines Idioten,
und wieder rollte so mancher ganz schnell seine eigenen Ansichten ein
(auf seinem britischen Roß dieser schwarze Filmritter zum Beispiel!).
Verschont geblieben von den Ausschüssen 1955 dann Rückkehr, aber

die alte Sache sprach inzwischen Sächsisch dort, nicht das schönste,

und trug auch einen anderen Bart. Ein knappes Jahr später das Rasseln

in Ungarn. *In welchem Hotel, sagst Du, hat der NKWD damals*

Schaarwaldt entdeckt? Ein weiteres Mal wechselt die älter Gewordene

ihre Lage, sparsamer geworden mit ihrer Hoffnung und noch genauer

als vorher, und saß auf Koffern in einem hellen Zimmer an einem

bayrischen Fluß. Kein Verleger wollte mehr mit ihr anfangen,

schon die Nachbarn vorm Fenster verstand sie so schlecht.

Ihr Mund war rissig geworden inzwischen, und selten noch hörte man

etwas von ihr. Nur in den Träumen, leise hüstelnd von ihrer ewigen

halben Lungenentzündung, sprach sie noch manchmal

den alten menschenfreundlichen Text. So viele Länder hatte sie

gewechselt auf ihrer Flucht, sie konnte nun schweigen in vielerlei

Sprachen. Ein Stein findet sich auf ihrer Grabstätte nicht.

Ein schöner Augusttag

Der Sommer raucht mit zarten weißen Wölkchen
über der Insel "Wild Cherry", die Bimmelbahn zuckelt
zwischen den Wiesen und Waldstücken dahin, die junge Frau
in dem blauen Kostüm am Fenster des Zugs
sieht mit zwei Gedichten im Kopf
in die federleichte Landschaft hinaus.

Hinter der warmen Mauer am Friedhof verblutet
in diesem Augenblick ein Berber, gefundenes Fressen
für Schmeißfliegen, und weißgeschnürte Schuhe
stolpern davon, die grünblaue Insel feiert
ihren zehnten Sommer der Freiheit.

In den Reisebüros streichen die Angestellten
in ihren luftigen Blusen die meisten Buchungen
mit fremdländischen Namen aus.

→ Geschrieben im Zeitraum von 1983 bis 2021 ←

INHALT

Kutschfahrten, letzte Gespräche, in einem eisigen Land.
Vor den Geschichten

Armut, ostpreußische Tränen, ein Junge, der fast nichts begreift.
Die Geschichten, die zu erzählen sind

Fallende Blätter, ein Praxisschild, kein Stein.
Nach den Geschichten

$\longrightarrow$

LITERATUR IM POP VERLAG · VON UND MIT THEO BREUER · 2012 – 2022

EINZELTITEL

- ❖ **Das gewonnene Alphabet** · *Gedichte* (2012)
- ❖ **Zischender Zustand · Mayröcker Time** · *Essays und Gedichte* (2017)
- ❖ **Scherben saufen** · *Gedichte* (2019)
- ❖ **Winterbienen im Urftland** · *Empfundene/erfundene Welten in Norbert Scheuers Gedichten und Geschichten* · *Essays* (2019)
- ❖ NICHT WENIGER NICHT MEHR · *Gedichte* (2021)
- ❖ **Bis die Welt von ihnen abfiel** · *Gedichte* (in Vorbereitung)

HERAUSGABE

Lyrik · Prosa

- ❖ Katja Kutsch · **Fräulein Pippa fliegt davon** · *Roman* (2016)
- ❖ Hans Bender · **Hinter die dunkle Tür** · *Vierzeiler 2013 – 2015* (2019)
- ❖ Werner K. Bliß · **Gekämmte Zeit** · *Gedichte* (2019)
- ❖ Edith Lutz · **Einer aus Wiesendorf** · *Roman* (2019)
- ❖ Admiel Kosman · **Aus dem Zwischen des Hohelieds** · *Gedichte* (2019)
- ❖ Marcell Feldberg · **Bruchstücke einer Behausung** · *Poetische Kurznachrichten* (2021)
- ❖ Holdger Platta · **Ruhmesblätter mit Linsengericht** · *Erzählgedichte* (2022)

Matrix · Zeitschrift für Literatur und Kunst

- ❖ **Matrix 28.** *Atmendes Alphabet für Friederike Mayröcker* (2012)
- ❖ **Matrix 29.** *Jeder auf seine Art für Hans Bender* (2012)
- ❖ **Matrix 36.** *Axel Kutsch spannt Versnetze übers Wortland* (2014)
- ❖ **Matrix 58.** *Zwanzig Tage – zwanzig Romane : Ein Buchspiel* (2019)

NACHDICHTUNG

- ❖ Dato Barbakadse · **Und so weiter** · *Sieben Haiku-Kränze* (2021)
- ❖ Tian He · **Taschen voller Wind** · *99 Gedichte* (2021)

LEKTORAT / KORREKTORAT / SATZ / LAYOUT

- ❖ Francisca Ricinski · **Als käme noch jemand** · *Lyrische Prosa / Erzählcollagen* (2013)
- ❖ Adriana Carcu · **Lied aus dem Norden** · *Nordischer Jazz in Wort und Bild* (2019)
- ❖ Viorel Marineasa · **Werkzeuge, Waffen, Instrumente** · *Kurzprosa* (2019)
- ❖ Harald Gröhler · **Astreines Alibi** · *Kriminalroman* (2020)
- ❖ Lawrenti Ardasiani · **Solomon Isakitsch Medschghanuaschwili** · *Roman* (2021)
- ❖ Niko Lortkipanidse · **Das Herz** · *Erzählungen* (2021)